SANLÚCAR.

CREPÚSCULOS EN EL RÍO

JOSÉ MARÍA DE DIEGO

Prólogo de Manuel Reyes Vara

Primera edición: abril de 2025

Del texto: © José María de Diego

De esta edición: © Ediciones Pangea, 2025
41720 Los Palacios y Villafranca, Sevilla
www.edicionespangea.com

Prólogo: Manuel Reyes Vara

Diseño de cubierta: Germán Repetto Jiménez

ISBN: 978-84-129780-5-6

Depósito Legal: SE 520-2025

Impresión: Ulzama Digital
Impreso en España / *Printed in Spain*

PRÓLOGO

"Sanlúcar. crespúsculos en el río" es un poemario fascinado con la vida como aquelarre que rezuma amor en todas sus facetas.

"Sanlúcar. crespúsculos en el río", en nuestro río Grande, en el Guadalquivir, según nos confiesa José María de Diego: "sin este río tan nuestro no habría habido creación".

Su autor reclama las emociones como un despertar a la ilusión de los sueños, a las pasiones, reivindica el deseo como fuerza envolvente de todas nuestras acciones. Y también nos anuncia que el dolor, la ausencia y el desencanto, también estarán presentes, como espigas en el trigal, pero el viento de la esperanza, sabrá templarlas, cimbrearlas o romperlas.

La poesía de José María inquieta el alma. Sus versos son enérgicos y están escritos en un lenguaje sencillo, directo. Tienen buen ritmo con una cadencia musical agradable al oído. Se trata de una sucesión de estrofas llenas de recia vitalidad y estructura sugerente.

El sentimiento fluye en cada verso. A modo de soliloquios íntimos, rastrea la luz que habita en nuestro interior. Hay fuerza y originalidad en ello. Ser poeta es enfermar de lucidez. Él la tiene.

Aquilata la impronta de una aventura de imágenes, rima y metáforas que toman cuerpo en su bulliciosa mente, con una pertinaz inspiración que redime su mundo, panegírico de su presente nostálgico y burlón, fascinado por las inquietantes fogatas de deseos y controversias que le perturban y enajenan ante el reto de volver a creer en el amor.

Versos embelesados, que tintan de sufrimiento algunos de sus poemas, embargados por el desamor, silencio y abandono furtivo que sufren los amantes despechados.

El erotismo que acampa en su obra poética no es estridente. Ejemplo diáfano es el romance de "La Judía", donde se canta a la mujer y a su poder de seducción como un rito, una ceremonia; su gozo y su placer descansan en la visión del objeto sexual desarmado, entregado a su más pura veleidad. Ardor atrevido y sensual, bajo una dimensión arrebatadora. Quizás también indicios de cierta exultante ternura.

La inspiración, la musa que le consume, será su gran tarea como poeta. Nunca le abandonará. Muestra una perspectiva vitalista de la existencia humana. Sus momentos de sutileza literaria le producirán un suave vértigo al pensar sobre el devenir de cada día. Escribir consuela su espíritu. No soporta ni el abatimiento ni la frustración o el abandono de su prodigiosa imaginación. Aunque le desgarre el alma, volverá a volar de nuevo. Cuida la palabra.

¡Qué encrucijada! A modo de suspiros encendidos quisiera ofreceros una ristra de versos o estrofas entresacados de las entrañas que componen esta magnífico poemario.

"quiso abrazar otros mundos
y volaba y volaba.
para escapar del bosque,
quiso besar nubes blancas."

"Queremos el infierno
y soñamos paraísos,"

"eres mujer de pensarte,
despacio, en la umbría del pinar,
eres dama de no pronto olvidarte,"

"Las hogueras de mi infierno
se nutren de la esperanza
de ver nacer y crecer
en la mar tus velas blancas."

"Las horas trepan los muros
de la pasión, van con hachas
para obligar al ritual
a ser uso, a ser nada."

"Cántame algún martinete
que alivie mi larga espera,
que redima mis errores
sin violencias, con franqueza."

"No quiero más profecías,
desde tu mirada espejo
quiero ser siempre visible,
deseo que me des cuerpo."

"Eres la única que agujerea mi mundo"

"¡Oh, amor y libertad!
¡Ay de los leones agazapados en la
mente!"

Ha sido una encrucijada gozosa tener acceso a este *"Sanlúcar, crepúsculos en el río",* de José María de Diego, que ha llegado a mis manos con el objetivo de apadrinarlo con estas sinceras reflexiones. Tarea sugerente y emotiva. Gracias poeta por la confianza depositada en mí.

Sanlúcar de Barrameda, enero de 2025

MANUEL REYES VARA

Presidente del Ateneo de Sanlúcar

NOTAS DEL AUTOR

Con el presente trabajo, *"Sanlúcar, crepúsculos en el río"*, he querido completar una soñada trilogía, dedicada al flamenco sanluqueño. Así pues, la presente obra, junto a *"Sanlúcar, versos para el cante"* (también poesía) y *"Sanlúcar, inconformismo y flamenco"* (prosa y poesía; de autoría conjunta con Servando Repetto López) remata dicha trilogía.

Es algo de lo que me sentía en deuda con Sanlúcar de Barrameda, tierra de mis antepasados paternos, y también es algo en homenaje a la cultura flamenca, cultura que me ha acompañado desde mi niñez.

Respecto al poemario tengo que decir que está integrado, en muy buena parte, por "tiranas" —cuartetos octosilábicos con rima asonante en los versos pares—, composiciones muy apropiadas para el cante flamenco en sus distintos "palos". Eliminando o repitiendo algún verso, cortándolo, o alargando un poco el tercero mediante melismas o el añadido de alguna palabra tendríamos acceso a incorporarlas a palos tales como la soleá, la bambera, la romera o la seguiriya, por ejemplo.

Como la música de este poemario me parecía un tanto monódica o gregoriana (canto a una sola voz) con tanta "tirana", he intentado el polifonarla —valga esta disparatada expresión— a base de composiciones de la poesía antigua, tales como algunos madrigales, rimas, endechas, romances, etc., que vienen a alegrar un poco la lectura, a aliviarla.

Lo que sí he pretendido es el retornar (sin que ello signifique para mí un precedente) a la poesía formal tradicional, composiciones rimadas, de una métrica y ritmos exactos. Hay presentes, está claro teniendo en cuenta mi carácter, determinadas rebeldías y "salidas de madre", desbordamientos voluntarios de mi río. Espero que el lector me las sepa perdonar.

Como es característico en mi poesía el tema central y recurrente es el amor, el amor sensual, sus asimetrías y sus formas, incluidas las del amor "cojo" —que llamo yo— o no correspondido, y las del desamor. No puedo dejar de señalar, porque soy el primer sorprendido, la repetida referencia a los infiernos. No tengo conciencia de haberlo decidido de un modo voluntario.

Sanlúcar de Barrameda, diciembre de 2024
José María de Diego

AGRADECIMIENTOS

Alfabéticamente quiero señalar los siguientes agradecimientos:

A Carmela Carrasco Pérez de León
A Manuel Reyes Vara
A Maru Repetto
A Miguel Ángel Rosique López

También mi agradecimiento a todas aquellas personas que han utilizado algún minuto de sus vidas para señalarme, respecto a este trabajo, una corrección, darme una opinión o establecer alguna crítica.

DEDICATORIA

A Juanita Uribe

y a José Antonio Benítez

<u>TIRANAS (1)</u>

Estoy muriendo

Deseas que los quereres
duren una eternidad
y duran lo que una rosa
en un jarro de cristal.

Andas sobre los tejados
pregonando tus lamentos
y buscando tu inocencia,
y no ves que estoy muriendo.

Paseas en jaulas de oro
canarios del desencuentro
enardeciendo sus trinos,
y no ves que estoy muriendo.

Toda una furia

Pasan las horas despacio

y crecen los crisantemos,

no sé por dónde andarás,

tampoco si podrás verlos.

Te fuiste en noche de luna,

de temblores y de dudas,

sin una sola pregunta,

toda volcán, toda furia.

Zarpó tu barco a oscuras,

sin fanales y sin lámparas,

hacia mares encrespados

hechos de profundas lágrimas.

¡La olvidarás!

¡La olvidarás!, me dijeron
los compañeros cabales,
¡ay!, lo que no me dijeron
es el tiempo de mis males.

Duquelas como tachuelas
que se clavan en mi ser,
penas serias de un camino
que me empeñé en recorrer.

¡La olvidarás!, me dijeron
los meteoros también,
pero nunca me dijeron
que si no la olvido, ¿qué?

El querer pone caminos

El querer pone caminos
y cuando se va los borra,
es un niño contrariado
que desbarata sus cosas.

Es un viento que trastoca
las montañas de las dunas
y que levanta las olas
que se quiebran en espumas.

Entre calimas y nieblas
camina el príncipe solo,
desventurado y a ciegas,
sin afanes, lacrimoso.

En el Callejón del Duende

En el Callejón del Duende
de la Tacita de Plata
un aguerrido francés
cameló a una gaditana.

¡Ah, *mon Dieu*!, españolito,
de qué manera tan trágica
los amores te llevaron
a querer tomar venganza.

Balas de odio disparadas
al corazón de una espía
denunciada por ingrata
desde un rencor chovinista.

¡Rosetones bermejos en la blusa
sollozan por seguiriyas!

MADRIGAL (1)

Llegose la zagala

Llegose la zagala
hasta mi enardecido corazón
y díjole con osada pasión:
"Eres pozo y escala,
anhelo ser tu actriz
en una sola representación."

Llegose la zagala,
poco más que una dulce colegiala,
cantando su pregón:
"Yo soy tu emperatriz,
conocerte no fue enhoramala."
Me pensé Dante, y ella Beatriz.

<u>MADRIGAL (2)</u>

Las jirafas

Las jirafas de esta jaula dorada
adiestran nuestros mundos aparentes,
rechazan las manzanas
y eligen las acacias.

¡Ay, pomas y espinas!, ¡culpas y faltas!

Doncellas de mejillas sonrosadas
y trenzas tejidas en oro verde,
efebos de pieles abrillantadas,
todos ofrecen ansias.

El mundo y las manzanas,
ángeles reencarnados en jirafas,
policía celeste
del Imperio divino que no quiere
que pasemos la raya.

¡Ay, frutas y aguijones!, ¡estrecheces!,

¡vejestorias memeces!

¡Qué onerosa me resulta la estancia

en penados ambientes!

ROMANCE LIBRE

"LA JUDÍA"

La metamorfosis es una buena armadura para las batallas de la vida.

"La Judía" seduce, quiere seducir, despliega todo su encanto para seducir, vive para seducir.

"La Judía", en sus días más turbios, cuando tiene que disimular toda la violencia que arrastra, siente la seducción como una maldición, está condenada a seducir, a sentir el placer en la rendición del Otro.

Los ángeles saben que la seducción
es a su vez también una maldición.

En "La Judía" la seducción es un rito, una ceremonia, con la que goza, su placer descansa en la visión de su objeto sexual desarmado, entregado a su más pura veleidad.

Cuando "La Judía" deja caer en tierra, entre los pavos reales de colas irisadas coronadas en oro, su túnica de plata, una vez ofrecida su nacarada desnudez, puede ocurrir que se dé la vuelta y se vaya ignorando al que la mira, o puede ocurrir que se vaya de otra manera mientras el Otro la posee.

En ambos casos ella ya ha obtenido su goce. Sus ángeles no se asustan ni tiritan. *"Y ni siquiera un momento —* dice— *vi temblar a mis ángeles"*.

Los largos dedos de la luz
del naciente sol del amanecer
acariciaban ya la copa de las acacias,
y las aliagas y las retamas
se silenciaban en lujurias próximas
imaginando el goce de esas ternezas.

En pleno renacimiento del día
subían las dos mujeres por la cuesta,
agitadas y jadeantes,
como corzas perseguidas
por una jauría de podencos,

por el atajo de piedras
de la vertiente rocosa de la colina,
camino sólo conocido por cazadores,
recogidas sus largas faldas, sofocadas.
A La Judía le pesaba mucho su pena
y a su asistenta el cesto con la prueba.

Fue La Judía, la viuda, la deseada
a juzgar por las miradas de los hombres,
la desobediente del *yibbum* o levirato,
la que urdió todo para salvar la ciudad,
y el proyecto se hizo ley en la misma
por el consentimiento de los Ancianos
y la aprobación del viejo Rey.

En la previa elección, ella escogió,
quizás para compensar viejas deudas,
el dictado de la conciencia colectiva
y lo antepuso a sus leyes morales,
y tal vez divinas ...

¡Soy la contra-Antígona!, pensó,
y en su boca apareció una sonrisa
que como una nubecilla se desdibujó.

El ejercicio de la libertad
se hace a la sombra del árbol
frondoso de la incertidumbre
de verdes hojas perennes
y en su fronda anida escondido
el silencioso pájaro del mal.

Se había bañado a conciencia,
extendido en la piel diversos aceites
mediante sensuales masajes,
se había depilado todo el vello,
aplicado henna con canela
en sus cabellos antes de perfumarlos
y se pintó en rojo todas las uñas.
El espejo era su cruel consejero,
le exigía una gran pulcritud,
no debía haber mácula alguna.

La cosmética de la cara y cuello
fue de lo último en que pensó,
aunque luego se dio unas pinceladas
de tintura carmesí en los pezones.
Sabía muy bien lo que la esperaba.

Había cambiado el vestido de luto
por una túnica roja de rica seda
abandonadamente desabrochada
en su parte superior para que brillaran
tanto las piedras de la gargantilla
como el nacimiento de sus senos,
ceñidor de plata para su fino talle,
brazaletes en su brazo izquierdo
y aretes velados por un chal rosado
que ocultaba sus brillantes cabellos
como preceptuaba la ley judía.

Aquel hombre no era como se decía
sino lo diametralmente opuesto,
una persona inteligente, educada,
sensible y de una refinada cultura.

Su mirada era dulce y confesaba
la tristeza de una inmensa soledad.
Su cuerpo, musculoso por la profesión,
era un abrigo esponjoso de ternura.

Y la seducción fue seducida.

Como las pavesas de una hoguera
se disuelven en su vuelo nocturno
así se disolvió en La Judía la aprensión,
los prejuicios y la figuración.
Se abrieron todos sus pétalos
como en la corola de la flor,
entre sus brazos, apoyada en su pecho,
sintió desbocarse el corazón,
el fuerte fluir líquido en las venas,
cataratas de calor y escalofríos,
estremecimientos hacia el éter,
un éxtasis nunca por ella vivido.

Quiso alargar el tiempo
con el general en sus entrañas,
superando lo soñado tantas noches
la vida adquiría un nuevo sentido.

Próxima una injusta alborada
clavó la daga sólo dos veces,
la primera porque era su obligación
y la segunda por amor, sí, por amor,
ese hombre sería suyo eternamente,
sin claroscuros, sin concubinatos,
sin harenes, para siempre.

Entregado el cesto a las autoridades,
sin palabras, el silencio la acompañó
por las calles de la ciudad salvada
hacia su casa, hacia el frio vacío.
Contuvo el llanto todo lo que pudo
mientras se volvía a vestir de luto,
intuía que en su vientre se hallaba
el futuro de una celeste esperanza.

¡Oh, Jehudith!,
asumes el papel masculino
sin pestañear,
hechicera de manos sedosas,
¡fuerte entre las fuertes!,
fuerza y tempestad, belleza,
socavas el orden patriarcal
sin que tus ángeles tiemblen.

Romance de una mujer peligrosa,
de una mujer fatal y aciaga,
romance de una mujer poderosa
aun siendo frágil y delicada.

¡Oh, Jehudit!

Has quebrado tus juguetes

Sueñas tanto con vivir
que lo que vive es recelo,
maledicencia y murmullo,
venenos para el consuelo.

En tu alma rincones de ira
que hacen los días acerbos,
has quebrado tus juguetes
y los has lanzado al viento.

<u>TIRANAS (7)</u>

Pierdo la luz de los ojos

Pierdo la luz de los ojos
como señal del achaque,
salgo del salón de ensueños,
dejo que el rencor me abrace.

¡Devuélveme el querer
que yo he conseguido darte!,
¡devuélveme esos proyectos
que solo de mí son parte!

¡Ojalá, que el tul del cielo
me serene y me levante,
que el deseo de revancha
se quede en nada, en aire.

TIRANAS (8)

Aún florecen los jazmines

La riada del no querer

anegó nuestros jardines,

pero en sus altas tapias

aún florecen los jazmines.

¿Cuánto durará el dolor

de tus cosas en mi carne?,

¿cuándo seré soberano

de mis bienes y mis males?

<u>**TIRANAS (9)**</u>

Una sola palabra

Una sola palabra puede
germinar en ti en torrente
de pasiones desbocadas
que traen los genios crueles.

Una sola palabra puede
hacer zozobrar tu barco,
llevarte hasta el negro fondo
donde todo es desgarro.

<u>**TIRANAS (10)**</u>

En los 25 años de la muerte de Rafael Alberti.

Amaranta

"Se equivocó la paloma",
Rafael, *"se equivocaba"*,
creyó que lo conocía
y no sabía de él nada.

"Tú eres mi luz escondida,
tú eres el mar y la playa."
le recitaba en los éxtasis,
¡oh!, dulce y pobre Amaranta.

"Creyó que el trigo era agua",
Rafael, *"se equivocaba"*,
creyó no vivir sin él,
y era así que se apagaba.

LA OROPÉNDOLA

Quiso tocar otros cielos
y volaba y volaba,
quiso abrazar otros mundos
y volaba y volaba.

Plumilla bonita de oro
que confiaba en sus alas
para escapar del bosque,
quiso besar nubes blancas.

Quiso ser toda amarilla,
sin ninguna hebra de plata,
quiso seguir con sus sueños
y volaba y volaba.

Plumilla mohína de oro,
de soledad rodeada,
recordando sus quereres
bien reía o bien lloraba.

Quiso ser libre y volaba.
Quiso ser ella y volaba.

LA LOZANA

"*Mirá que* —ella habla—
yo no tengo marido
ni péname el amor",
me llaman en corrillos
la Señora Lozana.
Eran tiempos floridos,
pretéritos, de los de
"de aquello presumido,
de eso has carecido".

Queremos el infierno
y soñamos paraísos,
yesca buscando fuego
mientras ansiamos lirios,
libertad sin cercado
y Rampín al ladito.

Feroz paradoja
dulce guerra y retiro,
guijarros y zafiros
juntos en esos caminos.

"Para cuanto mal tengo
quiero ese galardón
que es ver al corazón
preso donde lo tengo."

Letargos ante el vacío

Ya no te abrasa el fuego
¡oh, mi vida! tras andar
esos caminos tan ásperos
y estrechos de tu amar.

Nos acecha la tragedia,
los días se hacen eternos
sin otra cosa que hacer
que cuidar del desaliento.

En mis imposibles sueños
me desazona tu ausencia,
y en este desasosiego
me tortura el ser poeta.

Palabras para el dolor,

letargos ante el vacío,

agujeros en el alma,

estupor de un cuerpo frío.

La abeja traidora

No libar en otras flores,
no, nunca hiciste promesa,
es cierto, mas tu silencio
en mi sueño abre una brecha.

Eres la abeja traidora
que calla ocultas praderas
de jacintos azulados,
doble vida en la colmena.

Un vacío inacabable

Los sauces lloran veranos
de cópulas sombreadas
bajo músicas del río
y el compás de las cigarras.

Los bajeles de los chopos
navegan por verdes aguas
preñando el húmedo otoño
de regresos, de añoranzas.

Ellos, los amantes, lloran
sus quereres estivales,
los días se les llenan
de un hastío inacabable.

El peso de la tristeza

El peso de la tristeza
desmantela tu peinado
y tus grandes ojos verdes
pierden color con el llanto.

Se ha desbandado tu vida
al saber mucho de amor,
se ha rebelado el mundo
por envidia y por rencor.

Volverán nuevas abejas
con las alas de Cupido,
al reabrir tu corola
te esperan otros abismos.

TIRANAS (15)

Extraños el uno al otro

¡Duérmete en mi cuerpo calmo!,
¡quisiera hacerlo en el tuyo!,
tiempos jóvenes de esperas,
de sueños, de fuegos, de humos.

Mi libertad, ¿dónde ha ido?,
¿qué ha sido de aquellos tiempos
en que juntos vivíamos
en un vergel de deseos?

Extraños el uno al otro,
nos sentimos seres raros,
¿dónde la varita mágica
que trae al hoy el pasado?

LA PRECIPITACIÓN

Obra construida sobre la base de una narración corta de mi amiga Maru Repetto, contando con su permiso y aprobación. En su homenaje.

El día estaba ya adelantado. Estaba lanzado a la vida. Su luz se mostraba inquisitorial y acrisolada.

Lloviznó gran parte de la noche, por lo visto; las tinieblas también lloran, aunque ella no había podido comprobarlo porque estuvo ocupada.

Las calles y las hojas de las acacias andaban oreándose. Recordó el petricor, el olor a tierra mojada, que, desde pequeña, le asaltó siempre que los chaparrones se batían en retirada.

"Entre las verdes hojas
de compungidos árboles
se filtran soles gualdos
y destellos aullantes."

Alicia, desnuda, Venus impúdica de carnes experimentadas, tras los cristales cohibidos y algo empañados de la ventana, tiene fija su vista en los abanicos de luz que abre el sol, ora aquí, ora allá, entre las deshilachadas nubes de andar parsimonioso. ¡Oh, mujer fruta de nalgas marmóreas e insolentes! ¡O tal vez alabastrinas y petulantes!, la luz juega esas pasadas.

"En el parqué del suelo
los diurnos arrebatos
no dejan huella alguna
salvo algún entusiasmo."

Cree estar ya segura de todo o de casi todo de lo referente al amor sensual. El amor —piensa ella— es como un calamar gigante que nos asedia constantemente buscando la ocasión de atraparnos e inmovilizarnos con sus ventosas forjadas en las fraguas de la soledad y la necesidad.

"Las noches de deseo
son guaridas de dogos,
corros de ojos de fuego,
de hechizos y de arrobos."

Una única noche con él, con Damián, y este le aparece rendido ante ella, abducido, entregado a su voluntad, a su dominio. De alguna culpabilidad se estará relamiendo, algo temerá, estará pagando con sumisión la redención de sus pecados.

Alicia se sometió a su brutalidad nocturna adormecida por la difusa sensación de placer que sentía al encontrarse súbitamente en una situación de auténtico poder. Por lo demás, cero entusiasmos y unas vagas percepciones de irrealidad y de ternuras animales.

"Nocturno de tinieblas,
de suspensión y esperas,
pena de lo que no llega,
odas a la apariencia".

No puede evitar una sonrisa —al retirarse de la ventana y dirigirse al cuarto de baño— cuando su mirada se detiene en Damián en la cama, medio adormilado, con huellas en su rostro, redondo y pálido, semiescondido entre su abundante y oscura cabellera, de haber cumplido la misión —su sola misión— y de esperar próximas remesas de felicidad.

Andares de pasos muy cortos de sus largas piernas, seguiditos, apoyando solo la punta de los pies. ¡Extraño ballet! Siempre odió el bamboleo de sus pechos al caminar cuando no lleva sujetador. ¡Neurótica mujer! También siempre ha creído que esa oscilación es una causa más en el proceso de descuelgue de los senos.

Su mirada se dirige hacia ellos, suspira, se tranquiliza al comprobar que sus puntas todavía miran al frente sin estrabismos. Vuelve a sonreír.

"Desnuda ante el dragón,

a su disposición,

¡válgame este dolor!,

¡a esto le llaman amor!"

—¿Por qué sonríes así?, ¿qué sucede?

Son las preguntas habituales de un miedoso, de un timorato, de alguien acomplejado y con su autoestima algo disminuida.

—¿Cómo sonrío?

—Enigmáticamente.

—No me sucede nada especial, tranquilo.

"La Esfinge del desprecio
ante la diferencia
sonríe por piedad
no por vana soberbia".

Bajo los chorros de agua caliente y el gel, las manos de Alicia toman al asalto su cuerpo, llevándola en breves minutos a su verdad, a su paraíso, allí donde no hace falta el desear nada más. También, algunas palabras de la noche asaltan la memoria femenina. ¿Estaba satisfecha de haber satisfecho a Damián?, pregunta difícil de contestar, prefiere correr un velo de tul sobre una posible respuesta. Eso sí, cualquier respuesta no incluiría la ternura, estaría desprovista de ella.

"Creo que me estoy enamorando de ti, creo que te pertenezco por completo, siento que no hay montañas ni valles en mi relación contigo, tu cabello extendido sobre la almohada me parece un arco iris, una esperanza del fin de mis tormentas, mi divorcio me traumatizó y cualquier relación amorosa extiende sobre mí el manto del miedo al

compromiso, creo que todo esto ha quedado atrás y que ahora estoy dispuesto a arriesgar todo por ti, creo que incluso sería bueno para nosotros el tener un hijo, etc., etc.".

¡Metafísica, metafísica, ... bah, paparruchas! Este hombre —piensa Alicia— se ha lanzado de cabeza a la piscina de las quimeras, la cual está excavada y tiene sus bordes en la mentira.

Es para reír, resulta que Damián quiere encargarle a ella el que haga de él una persona nueva, quiere ser una persona nueva. Alicia no puede dejar de pensar en este momento que eso es la pareja "para siempre", un etéreo deseo recíproco de incluir al otro en las propias ambiciones.

"La historia es un embuste
del que la hace o la cuenta,
si es un hombre seguro,
si es mujer lo intenta."

Alicia, la deidad terrenal, se viste lenta, parsimoniosamente; *"ya nos veremos"* —le dice a Damián a modo de despedida—. ¡Oh, Alicia, radiante serpiente!

—Si, claro, te llamaré luego.

—Hoy tendré un día muy complicado.

> "¡Ofelia, siempre enigma!,
>
> siempre nácar y luna,
>
> elixir de alegrías,
>
> ¡se mueren por tus frutas!

Cuando sale a la calle, La ciudad está ya ruidosa, con sus aires limpios, llena de brillos y de vida.

> "Cuentacuentos casposo,
>
> serenata insincera,
>
> solo os brillan las ojos
>
> al abrir nuestras piernas."

Que ella recuerde ha sido la peor noche de sexo de su vida. Dos "cinturas para abajo" en lucha; una, precipitadamente, en pos de la corona de soberano, otra intentando precipitar el tiempo. Todo precipitaciones. Ella se ha visto obligada a fingir varias veces lo que el otro cree no haber fingido, el haber alcanzado el cielo.

Sonríe de nuevo. Ella es para él un "algo" de la cintura para abajo. De la cintura para arriba, Damián sólo sabe acariciar la mente femenina con palabras triviales para conquistar una vía expedita a su propio vaciado, al derramamiento de una hombría cuando menos cuestionable.

"Ofelia bienamada,

¿qué flamantes tristezas

te propondrán los hombres

que ya a tu edad no sepas?"

"Hoy tendré un día muy complicado" ... Ya veremos el jugo que obtiene Alicia exprimiendo esa frase-fruta ... El binomio de siempre: o gestionar la propia soledad o gestionar la barbaridad y el disparate ajenos. Pagar peajes de carne a los barqueros que prometen llevarnos a la otra orilla, allí donde creemos que los vínculos afectivos crecen en cerradas formaciones boscosas. La sempiterna imaginación.

¡Flautas y tamboriles! ¡Siringas y panderos! La fiesta dionisiaca acabó. Es hora de guardar los tirsos. Ahora, enhiesta como un girasol al amanecer, Alicia piensa en un café con leche y una ensaimada. La sensación de asfixia empieza a diluirse.

Sabías que te quería

Sabías que te quería

por la chispa en mi mirada,

menos mal que no soy ciego,

dije, para que rabiaras.

Sabías que te quería

por la sonrisa en mi cara,

al copiar trinos de mirlo

despertando la mañana.

Sabías que te quería

por los pulsos de mis sienes

al palpitar en abrazos

en nuestro vergel celeste.

Hogueras

Las hogueras de mi infierno
se nutren de la esperanza
de ver nacer y crecer
en la mar tus velas blancas.

En la torre del castillo
los soles diarios me calman
y los ocasos me abaten
en sus almohadones malvas.

¿La veis?, ¿adónde estará?,
las gaviotas, espantadas,
vocean como unas locas
y no entiendo sus palabras.

Soledad ocre

Se sentían rodeados
por una soledad ocre
que habían cultivado
ellos mismos en sus noches.

Mantenían el jardín
derrotando al desaliento,
midiendo el paso del tiempo
con sus agotados cuerpos.

Cortaban varas de nardo
para perfumar la casa,
gallardetes de combate
o, según, banderas blancas.

Nueve veces doncella

En cáliz de brillante oro
bebió Pericón las pócimas
por Alatiel escondidas
en bebidas engañosas.

Diez mil veces más lo hizo
con afables pensamientos,
diez mil veces más siguió
los mandatos de su cuerpo.

Nueve veces fue doncella
y otras tantas frías lágrimas,
¡oh, Alatiel!, desvalida,
la más loable y más honrada.

"Una boca tan besada
nunca pierde su fortuna,
—según nos dice el adagio—
se innova como la luna".

<u>**TIRANAS (20)**</u>

Estas tardes

Estas tardes de guitarra,

de encarnados y flamenco,

estas tardes con el duende,

¡cántame unos dulces tientos!

"La rosa sigue llorando

bajo la luz de la luna",

quiere ternuras de plata

y le hace falta tú música.

Que somos seres sin calma

que necesitamos magia,

desvalidos o alarmados

somos míseras batallas.

Como la azucena entre espinas

En la playa desierta soy palmera,
soy gitana y también soy hermosa,
bailo para ti palabras de fuego,
versos de sexo y rosas.

¡Bésame con los besos de tu boca,
cierra tus ojos y arde con tu amiga!,
zarcillos de oro, ojos de paloma,
manojuelo de mirra.

¡Eres como la azucena entre espinas!,
¡ven! —dice— y fui, como se fue la lluvia
y también el invierno entre nosotros,
¡hueles a tiernas uvas!

Hasta que sople el día y las sombras
caigan desde las montañas más largas,
hasta que se recline en el manzano
la paloma cansada.

El Amado mío es para mí,
y yo soy para él aromas de nardos
entre mis pechos que, colinas suaves,
acogen su descanso.

¡Quieran los cielos que no vengan noches
que busque en mi lecho y no halle a mi
                              Amado!,
¡quieran que mi alma, que ama lo infinito,
no imagine lo extraño!

Entrega al destino

Hay ángeles con alas asimétricas,
ángeles *cojos* que llama el poeta,
los *amorcillos* son algunos de estos,
Cupidos lanzaflechas.

Viven en los mares de la mirada,
en el territorio de los deseos,
vuelan en zigzag sobre los manzanos
cuando clarea el cielo.

Atravesamos el oscuro miedo
cuando somos heridos por el dardo,
unas veces de oro, otras de plomo,
no importa, lo aceptamos.

Abandono con turbación mi cuerpo,
surco los pleamares en tus ojos
hacia nuevas tierras inexploradas,
paraísos de magnolios.

Hoy los ruiseñores estrenan trinos
en homenaje a lo desconocido,
a los ásperos desgarros que siento,
a mi entrega al destino.

TIRANAS (21)

Lo no escrito en la arena

Nunca devendrá milagro
lo no escrito en la arena,
lo que no puedan llevarse
los vientos y las mareas.

Apareciste en mi vida
porque el agua y las gaviotas
supieron decirme *"espera,*
anidará en ti una alondra".

Nunca devendrá milagro
lo no escrito en la arena,
lo oculto en el corazón,
lo escondido en las tinieblas.

Te buscaré en los museos

Tropeles aborregados,
congregación de estorninos,
somos conciertos del miedo,
¿qué hicimos mal hijo mío?

Te buscaré en los museos
de vocación sempiterna
y no sé qué cosas haremos
para sentirnos pareja.

No quiero más profecías,
desde tu mirada espejo
quiero ser siempre visible,
deseo que me des cuerpo.

La vieja urraca

"El tiempo es como la arena"
—me dice la vieja urraca
que todas las madrugadas
aterriza en mi ventana.

"Pule todo lo que toca,
abrillanta el bien y el mal"
—aquel pájaro profético
tenía ganas de hablar.

Resoplan tiempos y vientos
misteriosos del oeste,
cinceladores de vidas
y que admito como orfebres.

"Cuando brilles y rutiles

te llevaré hasta mi nido.

Volaremos alhelíes

y podrás ver tu destino."

<u>**TIRANAS (24)**</u>

Mujer de seda y tormentas

Mujer de seda y tormentas,
de piel salada y de nácar,
de mirada oceánica
que ahoga en inquietas aguas.

Sólo soy yo en mis fronteras,
donde puedo elegir flores
para prender en tu pelo
sin que por eso sollocen.

Orquídea gualda y blanca,
amanecer con la espuma
del deseo renacido,
rayo de sol tras la lluvia.

TIRANAS (25)

Se fueron las golondrinas,

"Les sanglots longs
des violons de l'automne
blessent mon coeur
d'une langueur monotone."
(Paul Verlaine)

Ya florece el azafrán

del demonio en las praderas

del verano pasajero,

ya vienen nuevas tristezas.

Se fueron las golondrinas,

no están las manzanas rojas

en las jóvenes mejillas

ni cerezas en las bocas.

*"Je me souviens
des jours anciens
et je pleure."*
(Paul Verlaine)

Vía larga y dolorosa
que comenzó en la ribera
con tiernas promesas próximas
de sendas un tanto inciertas.

Los zagales y zagalas
bailaban bajo las hiedras
cerca de grillos y ranas
en noches de luna llena.

La luna sí volverá ...
y también el azafrán.

SILVA

A mi buen amigo Paco Mora

De blanco y magia, Paco ...

ecos de las campanas de la O,

pizcas de plata de astros y luceros,

duendes sanluqueños hechos licor.

De azul y espuma, Paco ...

pleamar en tu bravo corazón

cuando llenas de gracia estas botellas

con que festejaremos el amor.

TERCETOS MODERNISTAS INFORMALES

OTRO CUMPLEAÑOS FELIZ

Me has ayudado a maquillar de negro
la bóveda alfiletero del cielo
para no ver estrellas ni luceros.

Me has ayudado a romper en fragmentos
la luna, la tintorera de sueños,
para evitar magias y encantamientos.

En mis remotas zonas fronterizas
también se encaraman las buganvillas,
también se oyen ecos de frescas risas.

Has atravesado conmigo el yermo
con las únicas luces del destello
de estos míseros ojos nuestros.

Los verbos se refugian en su templo
arracimados como los murciélagos,
convocas a uno y vuelan los anejos.

"Te quiero" es el presente del deseo
y "te amo" es el presente de un anhelo,
y no existe futuro en estos términos.

Amanecía en el trayecto de vuelta ...

Se abrían ya las rosas del desierto,
estábamos todavía perplejos
cuando los dos pronunciamos "te espero".

... pasos y pasos tras las voces, leguas,
siempre los zapatos llenos de arena.

Cigarra

Caprichos que me hacen niño,
deseos desde el dolor
de carencias indecibles,
soy cigarra en el amor.

Pasiones en llamas de oro,
dos historias encendidas,
cabriolas sobre la hierba,
paréntesis en la vida.

¡Qué tremedales oscuros
tan próximos al infierno!,
¿qué garantizas, Epicuro,
ante este placer incierto?

TIRANAS (27)

Aquelarre

Sueños y deseos danzan
en mis tinieblas granates,
no tengo que rendir cuentas
a nadie de mi aquelarre.

Ni tan siquiera a los dioses,
ni tan siquiera al amor,
solos yo y mis ruiseñores
sobre fresnos siempre en flor.

Olor a mirra y canela,
sahumerios en la vida
que contigo fantaseo
en la fresca amanecida.

Los revuelos de tu falda

Los revuelos de tu falda
levantan los girasoles
que tiñen con su amarillo
las lágrimas de los dioses.

Los revuelos de tu falda
soplos que atizan el fuego
de pasiones desbocadas
desde el alfa de los tiempos.

Pasatiempo de la alondra
que acaricia con sus alas
las hojas de los laureles
que dan sombra a mi conciencia.

Mientras mi duende dormita.

Llevo por el Barrio Alto
las duquelas del quererte,
hablo con los locos mirlos
adónde ir para verte.

Vago por la blanca playa
de La Calzada a Bonanza,
les prometo a las gaviotas
si me dicen por dónde andas.

Mujer de mirar felino
y cimbreo de palmera,
terciopelos de sentidos
que a nuestro espíritu retan.

Y estoy que en mí no vivo

mientras mi duende se huelga,

y estoy que ni soy ni vivo

y mis ángeles sestean.

TIRANAS (30)

Cántame algún martinete

Cántame algún martinete

que hable de dulces amores,

que calle el golpe en el yunque

que ya hay bastantes dolores.

Cántame algún martinete

que alivie mi larga espera,

que redima mis errores

sin violencias, con franqueza.

Cántame algún martinete

que me lleve al regocijo,

algo que no sea un réquiem

y que llene mi vacío.

ROMANCE DE LAS HORAS

En los 25 años de la muerte de Rafael Alberti.

Supo la vida cobrarse
una pieza de alba plata,
en las pleamares con sol
un arroyo de palabras.

A los veintitantos años
de desecarse tu rambla
regresaron tus mil ángeles
a investigar nuestras almas.

El tiempo queda a la espera
de lo que el destino guarda,
tic, tac, amarillo, rojo,
día de fuego, noche armada.

Los quereres no resisten
nuestras ansias cotidianas,
eternidad imposible,
todo nace y todo acaba.

Las horas trepan los muros
de la pasión, van con hachas
para obligar al ritual
a ser uso, a ser nada.

Las horas traen jirones
del desencanto en estampas
que el ángel de la lujuria
entre sus ropones guarda.

Dama del pañuelo

Vienen las notas por la cuesta abajo,

ruedan para alegrarme

aunque nacen de una guitarra en pena.

Falta la luna llena

y el mar está aún bajo

para desesperarme.

"Entre cielo y tierra no existe atajo,

hay hilos de plata, de hiedra y verbena,

y la piedad de Carme".

¡Diosa santa y serena,

que me inicias en los vuelos del grajo

y en teñir las camelias!,

¡dama del pañuelo, mujer falena!

Vienen las notas por la cuesta abajo,

ruedan para invitarme

a volver a la playa de "El Sombrajo".

<u>**MADRIGAL (4)**</u>

Mujer de pensarte

En presencia eres menos,

crepúsculo violáceo

que tranquiliza las aguas de la mar,

eres mujer de pensarte,

despacio, en la umbría del pinar,

eres dama de no pronto olvidarte,

dueña de lo moreno

tu espíritu es rosáceo.

Las sombras proyectadas

por las alas de los búhos en celo,

el baile de las dunas en la playa,

la danza de los astros en el cielo,

allí donde la palabra está dada

es donde ya no hay raya.

Sombríos violoncelos

visten a la noche de terciopelos.

<u>TIRANAS (31)</u>

Calmas y pasiones

Me lo das y me lo quitas,
al tran tran, ¡ay que te cojo!,
siempre siempre que te pillo
vas y me lo quitas todo.

Cantan los corros de niños
"lo que se da no se quita",
pero en asuntos de amor
nada puede Santa Rita.

Ni en el punzante silencio,
cuando se acercan los dioses,
dejo de verte una reina
de mis calmas y pasiones.

Afecciones y limones

Los viejos camaleones
no pueden ver los colores
aunque sí oyen los ardores
de fogosos corazones.

Dime tú, pues, limonero,
quien es la que yo más quiero
que los fantasmas del eros
no son del todo sinceros.

Alborotos de la infancia,
afecciones y limones,
cuanta acidez tragada
ante futuros tifones.

Un camino

Un camino me espera
al manantial de destinos
y la cascada de estrellas,
severa, no me lo muestra.

Si pudiera beber su agua
dejaría de ser virgen,
entendería los cielos,
sería un poco más libre.

Urdimbre de vericuetos,
moralejas pasajeras,
redentor de la violencia
el amor se hace tragedia.

El mar

A mi buen amigo Mané (Manuel Malía)

Un desierto de silencios
donde se miran los cielos
dar y quitar como juego
¡ay! la mar y sus secretos.

Dicen que la quiero poco
y que no la echo de menos
mas grita en mi corazón
y ladra en mi pensamiento.

De andanzas en sus afueras
de miedos en su interior
ora azul ora azabache
el mar es como el amor.

ANTIFONARIO APÓCRIFO DE LA O

ANTÍFONAS DEL AMOR

¡Oh! **S**al de esta amarga desdicha / que se aloja en tu corazón / malherido por Amor / porque trepa como el jazmín estrellado.

¡Oh! **A** mayor monotonía y tedio / en el universo de la estrecha pareja / más cansancio en su continuidad / y menos credibilidad en su amor eterno.

¡Oh! **R**ecuerda que en el amor / tras el disfraz de ingenuidad de sus participantes / se esconden personas expertas en gestar / los proyectos más depravados.

¡Oh! **C**ada uno de los integrantes / de una indescriptible pareja dichosa / cree a ojos cerrados y a pies juntillas / que es el mensajero del destino del otro.

¡Oh! **O**tredad en el Amor / el Otro u Otros forman polígonos en el Amor / cuanto más presumes de convivencia dichosa o de satisfacción erótica / más pronto aparece el Otro para enamorarte de nuevo / o para materializar tus sueños más recónditos.

¡Oh! **R**eunión y amalgama caóticas / de pensamiento y sentimientos / de fantasías y mundo real / de carne y espíritu / todo un universo a extinguirse / tras un esperanzado bing bang.

¡Oh! **E**spiritualizar, peligrosa palabra, / la mera exaltación de la sensualidad / o el simple sublimar los instintos / no son verdadero amor.

Alegorías

Soy campana y tú badajo
que sabes tañer mi espíritu
que me tocas a rebato
y también a tentenublo.

Eres patrona y yo santero
allá en la ermita del valle
adonde acude la romería
en busca del sortilegio.

Eres sibila y yo conjuratorio
allá en lo alto del monte
adonde subes en ocasiones
a exorcizar tormentas y presagios.

Eres tierra y yo lirio azul
allá en nuestra blanca casa
adonde crecen los fresnos
y nos da su agua el río.

Eres fuego y yo puchero
allá encima de la trébede
adonde hierven mis pasiones
y se cuecen mis maldades.

¡Alegorías de un ignorante
al que aún le falta recorrer
un buen trecho del camino
hasta llegar al templo del amor!

Eres la única que agujerea mi mundo
para que yo vea lo que hay ahí fuera.

SEGUIRIYA

Seguiriyas de este mar nuestro

*Arquitectura del poema sobre pilares de unos textos de Berta ,
amiga y musa*

A un buen y común amigo

En el mar el grito
lleno de silencio,
en el corazón cuerdas de guitarra
que abren un rasgueo.

Miro en la playa
y te hago brillante
como lluvia en el nácar de las conchas,
alado, siempre ángel.

Te escucho y recojo,
vienes del destino,
mar carcelero de rocas y sal,
agua sin postigos.

Entonas mareas

y profundidades,

quereres hondos que bordan tu imagen,

tu rostro es paisaje.

(por cabales)

Clamores y silencios,

profundas aguas,

azul fatalidad brillante,

ángel de nácar.

Los leones

Fui condenado por amoral,
o por anarquía moral grave,
ni me acuerdo, ni me importa,
a la pena de insensible eternidad
en el Infierno, sí, en el Infierno.
¡Perpetuamente castigado
a ser perpetuamente joven!

¡Oh, el Infierno!
¡Ay de los leones del no vivir!

¡Amigos, hasta en el infierno!,
no tardaron en mandarme tres mocetones,
Alabarderos de la Guardia del Sultán,
sansones provistos de toda su parafernalia,
ropajes, picas, sables y demás crestas,
para sacarme de allí
desde su coactiva presencia.

¡Oh, los Alabarderos!
¡Ay de los leones que aman al prójimo!

Siempre os agradeceré el gesto,
vuestras oraciones e intenciones,
pero quiero permanecer en este sitio,
comprended que ando enamoriscao,
que vivo un idilio, un *affaire*,
un *pas de deux* con mi Francine.

¡Oh mi bella Francine!
¡Ay de los leones misóginos!

Mujer de ojos cucaracha
y carnes blancas y mórbidas,
desde luego sin tatuaje alguno,
que me incita a no cambiar de infierno,
la carga de mis pecados será la misma,
así que en este estoy bien.

¡Oh, la losa de los pecados!
¡Ay de los leones que nos quiebran!

¡Oh!, el amor como continua visita
a un dios escondido y oscuro.
¡Oh!, la libertad, válida siempre como idea,
como destierro de toda inquietud
por el todo o la nada de uno mismo.

¡Oh, amor y libertad!
¡Ay de los leones agazapados en la mente!

Amor y libertad, cosas de demonios,
a los que no es justo vituperar mucho,
total, son unos *yuppies* casposos,
satánicos, con sus pequeños tenedores,
intentando hacer *bullying* a todos,
y poco más.

¡Oh, los diablos!
¡Ay de los leones bellos y rebeldes!

No. *"No es tan fiero el león como lo pintan".*

¡Oh, crepúsculos amatista!

INDICE ALFABÉTICO DE FORMAS